WERKSTATT KUNST

Cartoon und Comic

Margot Michaelis

Schroedel

WERKSTATT
KUNST

Cartoon und Comic

Materialien für die gestalterische Praxis
im Kunstunterricht der Sekundarstufe I

herausgegeben und bearbeitet von
Margot Michaelis

Druck A [1] / Jahr 06

Alle Drucke der Serie A sind im Unterricht parallel verwendbar.

Redaktion: Kerstin Meyer
Herstellung: Sabine Schmidt, Hannover
Titelblattzeichnung/Illustrationen: Thorsten Grönniger, Bremen
Layout und Satz: Jesse Konzept & Text GmbH, Hannover
Umschlag: Janssen/Kahlert, Hannover
Druck und Bindung: Mediaprint, Paderborn

ISBN 978-3-507-**10021**-3

Inhalt

Figuren – Typen – Charaktere

Bildergeschichten und Sequenzen

Zu diesem Heft

Comic-Geschichte(n)

Merkwürdige Geschöpfe enthält das Universum des Comics: Eine millionenschwere Ente, eine sprechende Maus, einen Stofftiger, der zum Leben erweckt werden kann, aber auch menschenähnliche Figuren als Dschungelhelden und Abenteurer aus Vergangenheit und Zukunft. „Der Urknall, aus dem dieses Universum geboren wurde, ereignete sich nach gängiger Lehrmeinung vor gut hundert Jahren. Der Ort der Explosion war New York.“ So schreibt Andreas C. Knigge in seiner Entdeckungsreise zur Geschichte des Comics. In New York sah man die ersten „Comicstrips“ in Zeitungen.

Doch es gab zuvor schon Ähnliches: Im Mittelalter verband man Bildfolgen mit Text, um den Menschen die biblischen Geschichten zu erklären. Auch Aufrufe, Gesetze oder besondere Ereignisse wurden in früheren Jahrhunderten, als die meisten Menschen nicht lesen konnten, durch bebilderte Flugblätter bekannt gemacht. Und bestimmt kennst du Bildergeschichten aus dem 19. Jahrhundert, wie „Max und Moritz“ von Wilhelm Busch. Doch während Wilhelm Busch Texte und Bilder trennt, nimmt der Comic die Texte in sich auf: Denn außer dem Erzählen der Geschichte unterhalb der Bilder kennt der Comic auch die Sprechblase mit ihren vielen Ausdrucksformen.

Als Kunstform wurde der Comic lange verkannt und von Kritikern als geradezu gefährlich eingestuft – und doch eroberte er, zuerst durch Zeitungen, später in Form von Heften, die Herzen vieler kleiner und großer Leser.

Wie du das Arbeitsheft benutzen kannst

Dieses Arbeitsheft handelt vom Comiczeichnen und dem Erfinden von Cartoons, den kleinen Verwandten des Comics. Es ist so aufgebaut, dass du Stück für Stück erlernst, wie man eine Figur entwirft, wie man sie in Bewegung bringt und sie zum Bestandteil einer vollständigen Geschichte macht. Auch wird gezeigt, wie man ein Layout entwickelt und Bilder farbig gestaltet.

Dabei soll es nicht darum gehen, dass jeder dieselbe Figur zeichnet. Im Gegenteil sollst du herausfinden, welche eigenen Figuren du zum Leben erwecken kannst. Die Arbeitsschritte im Heft helfen dir. Zu jeder Seite gehören Hinweise, wie man etwas zeichnet. Einfach gestaltete Beispielfiguren zeigen dir, wie du vorgehen kannst. Und es gibt Aufgaben, in denen du das Gelernte ausprobieren und erweitern kannst.

Beim Lesen der Texte wirst du feststellen, dass einige Begriffe mit gekennzeichnet sind. Es sind Fachbegriffe aus dem Bereich der Cartoons und Comics, die im **Comic-Lexikon** (Seite 5) erklärt werden.

Die Abbildung zeigt eine mittelalterliche Illustration zum biblischen Hohelied Salomos, einer Sammlung von acht Liebesliedern. Der Text im Spruchband links weist auf Lied 8, Vers 1 hin: „O dass du mein Bruder wärest … Fände ich dich draußen vor den Toren, so wollte ich dich küssen und niemand dürfte mich schelten.“ Der Text im rechten Band bezieht sich auf einen Vers aus dem siebten Lied: „Siehe, wie schön du bist, meine Liebste, in deiner Wonne.“

Das Handwerkszeug des Comiczeichners

Für das Cartoon- oder Comiczeichnen brauchst du einige Materialien. Du solltest sie immer dann benutzen, wenn nichts anderes in den Aufgaben angegeben ist oder deine Lehrkraft nicht ein anderes Material vorschlägt.

Zuerst brauchst du natürlich **Papier**. Dafür genügt ein Zeichenblock im Format DIN A3. Auch die richtigen Comiczeichner benutzen das Format DIN A3, weil in diesem größeren Format Feinheiten besser bearbeitet werden können.

Für deine Arbeiten solltest du eine **Mappe** anschaffen, in der du alle Blätter geordnet sammelst. So kannst du im Verlauf deiner Arbeit immer wieder auf bereits Gezeichnetes, zum Beispiel entwickelte Figuren, zurückgreifen. Die Mappe kannst du selbst gestalten. Sie wird mit ihrem ganzen Inhalt die Basis der Bewertung.

Für die Skizzenarbeit genügt einfaches **DIN-A4-Kopierpapier.** Zum Durchzeichnen der Entwürfe empfiehlt sich **Transparentpapier**. Aber es hilft schon der Overheadprojektor oder einfach die Fensterscheibe.

Welche **Stifte** eignen sich? Wie für fast alles benötigst du einen üblichen **Bleistift** etwa in der Stärke HB oder B. Manche arbeiten lieber mit **Druckbleistiften**. Damit fertigst du alle Vorzeichnungen und Skizzen an. Für die ▸Reinzeichnung der Umrisse (Konturen) verwende einen schwarzen **Fineliner**; empfehlenswert sind Stifte in der Stärke 0,5 oder 0,3.

Die ersten Aufgaben können ohne **Farbe** ausgeführt werden. Es ist aber auch möglich, alle Zeichnungen farbig zu gestalten. Dafür kannst du **Buntstifte** oder **Filzstifte** benutzen. Auch Farben aus dem **Deckfarbenkasten** können eingesetzt werden, wenn du sie wie beim Aquarell mit viel Wasser verdünnst und einen feinen Haarpinsel benutzt. Dann solltest du allerdings auf einem Block arbeiten, auf dem das Papier aufgespannt bleibt, damit es sich nicht wellt.

Als weitere übliche Hilfsmittel werden **Lineal**, **Geodreieck** und ein **gutes Radiergummi** gebraucht.

Kleines Comic-Lexikon

Actionlines/Speedlines Linien, die Bewegung ausdrücken

anthropomorph Menschen verwandt, menschenartig

Bildgrund Die Fläche hinter einer gezeichneten Figur. Mehrere Bildgründe, die sich überlagern oder überschneiden, nennt man Vordergrund, Mittelgrund und Hintergrund.

Cartoon Eine komische, unterhaltende Geschichte, die in einem Bild oder in einer kurzen Bildfolge erzählt wird. Der Übergang zum ▸Comicstrip ist fließend. In Anlehnung an den Begriff Cartoon werden lustig gezeichnete Figuren „toons“ genannt.

Comic Von ▸Comicstrip abgeleiteter Begriff. Er bezeichnet eine aus Bildern und Texten kombinierte Geschichte, die in einer Bildfolge (= Sequenz) erzählt wird. Weil ein Comic nach heutigem Verständnis nicht immer komisch sein muss, verwenden Fachleute auch die Bezeichnung „sequenzielle Kunst“. Im Comic als Kunstform überlagern sich Literatur und bildende Kunst.

Comicstrip (englisch „comic strip“ = komischer Streifen) ▸Comic in einem Streifen aus mehreren Bildern

Episode Kleines Ereignis

Finish Fertigstellen

Funny/Funnys ▸Comics, meist im ▸Cartoonstil, mit gaghaften Einfällen

Induktion Die gedankliche Ergänzung dessen, was zwischen zwei ▸Panels passiert

Layout Gestaltung einer Seite

Lettering Schreiben der Comictexte, vor allem in Sprechblasen

Montage Zwei unterschiedliche Bilder ergeben – zusammengefügt – einen neuen Sinn.

Onomatopöie (kurz: **Onpos**) Lautmalerei, der bildhafte Ausdruck von Lauten und Geräuschen

Outlines Kontur- oder Außenlinien einer Zeichnung

Panel Einzelbild im Comic

Parallelmontage Zwei Handlungsabläufe entwickeln sich in abwechselnden Bildern.

Reinzeichnung (Inken) Sauberes Übertragen oder Nachzeichnen der Vorzeichnung mit Fineliner oder Ähnlichem

Splash-Panel Einführendes Panel. Es zeigt meist einen Überblick über die Szene, enthält oft auch den Titel.

Figuren – Typen – Charaktere

Köpfe und Gesichter

Überall sehen wir Gesichter: ein Auto blickt uns an, die Knöpfe eines Radios, der Mond hat ein Gesicht – so wie Punkt, Punkt, Komma, Strich. Weil unser Gehirn schon aus ganz wenigen wahrgenommenen Merkmalen ein Gesicht zusammensetzt und es als solches erkennt, benötigen wir nur wenige Striche, um auf einem Blatt Papier ein Gesicht entstehen zu lassen: Ein einfaches Standardgesicht entsteht aus einem Oval mit Augen, Nase und Mund. Ohren, Haare, Schmuck, Hals und Schultern werden angesetzt. Dann ist es eine kleine Persönlichkeit, deren Charakter wir bestimmen und deren Gefühlen wir Ausdruck geben können.

Schon schauen zwei Augen.

Ein ganzes Gesicht

Ein Kopf

Ein Typ und seine Freundin

Standardgesicht

„Moritz" von Wilhelm Busch, 1865

Kopf aus dem Manga „Orcus Star" von Gina Wetzel, 2005

1 Schau dir „Moritz" und den Mädchenkopf an: Welches sind ihre Besonderheiten?
Stelle Köpfe aus anderen Comics zusammen. Notiere, welche Eigenschaften die jeweiligen Gesichter ausdrücken.

2 Teile ein A4-Blatt in zwei Hälften. Schneide aus der einen Hälfte ein großes Oval heraus. Die entstandene Öffnung stellt die Kopfform dar. Aus der anderen Hälfte des Blattes können in entsprechender Größe unterschiedliche Teile für das Gesicht geschnitten werden: zwei Nasenformen, mehrere Münder, Augenpaare, Augenbrauen. Du kannst das Blatt mit dem ovalen Ausschnitt auf eine dunklere Fläche legen und nun mit den verschiedenen Gesichtselementen experimentieren. Für die gesamte Klasse kann dies auf dem Tageslichtprojektor geschehen.

a) Probiere zunächst frei verschiedene Teile und Positionen aus. Im Unterschied zum wirklichen Gesicht müssen dabei keine bestimmten Proportionen eingehalten werden. Versuche durch Verschieben innerhalb des Ovals – nach oben, unten und zu den Seiten – unterschiedliche Typen zu gestalten. Beispiele: die Neunmalkluge, der Schüchterne, der Träumer …
Zeichne drei der gefundenen Typen und ergänze Haare, Ohren, Schultern und Hals.

b) Bitte deinen Nachbarn, mit seinem Gesicht unterschiedliche Gefühle auszudrücken (Mimik) wie: zornig, überrascht, begeistert …
Finde heraus, wie du die Gesichtsteile anordnen musst, um die Mimik nachzuahmen und noch zu verstärken. Zeichne die gefundenen Anordnungen auf, beachte auch Falten und vervollständige das Bild wie bei Aufgabe 2a.

3 Lassen wir ein paar Leute über eine Mauer schauen. Sie können neugierig, erstaunt, belustigt oder verwirrt sein. Wer weiß, was auf der anderen Seite der Mauer zu sehen ist? Und was ist auf der Mauerfläche zu sehen?

a) Ergänze zunächst die abgebildete Gruppe.

b) Gestalte jetzt selbst ein Bild mit „Zaungästen". Zeichne dazu eine Reihe ovaler Formen, wie es sich ergibt, in die du dann die Gesichtsteile einfügst. Verändere dabei den Mund (Krümmung, Größe, verschieben, öffnen …), die Augen (geöffnet, geschlossen, Stellung der Pupillen, herausfallend …), die Augenbrauen (rund, eckig, waagerecht …), die Nase (knollig, lang, spitz …). Ergänze Haare, Ohren, Schmuck, Schultern. Versuche weibliche und männliche, junge und alte Köpfe zu erfinden.

c) Ihr könnt die Zaungäste auch als langes Papierband in größerem Format für euren Klassenraum herstellen. Klebt dazu Papiere aneinander oder besorgt Restrollenpapier aus einer Druckerei. Für die Gestaltung solltet ihr dann Deckfarben und Borstenpinsel benutzen.

4 In obiger Zeichnung findest du Beispiele verschiedener Typen und Gefühle. Schreib darunter, welches Gefühl gemeint ist.

5 Kopiere Figuren aus Comics und Cartoons heraus und klebe sie auf ein Blatt. Fertige eine Legende an, in der die einzelnen Figuren charakterisiert werden.

6 Jetzt weißt du schon, wie man eine einfache Cartoon- oder Comicfigur entwickelt und in Stimmung bringt.

a) Erfinde nun verrückte Schüler-Typen im Comicstil und gib ihnen einen Namen. Zeichne dazu nur Kopf und Schulteransatz und arbeite die Details sorgfältig aus. Denk dir aus, wer sie sind, wie sie leben, was sie mögen, wie sie die Schule finden. Erstelle einen Steckbrief zu jedem Typ.

b) Zeichne einen deiner erfundenen Typen als Schüler:
- gelangweilt, er weiß schon alles
- vor Angst schwitzend, kommt dran und weiß nichts
- überrascht, wurde gerade aus dem Schulschlaf geweckt

Profil zeigen

Gemeint sind die „Grotesken Köpfe“, die der italienische Künstler und Wissenschaftler Leonardo da Vinci um 1490 gezeichnet hat. Von ihm heißt es, er sei von Hässlichkeit ebenso fasziniert gewesen wie von Schönheit. „Grotesk“ bedeutet so viel wie verzerrt, absurd, verschroben.

Hier lernst du einige Methoden kennen, mit denen du Köpfe im Profil (Seitenansicht) entwerfen kannst:
Das einfache Oval, mit dem du bereits ein Gesicht in Frontalansicht entwickelt hast, wird zur Profilansicht, wenn du seitlich eine Nase anfügst und Ohren hineinzeichnest. Hilfslinien unterstützen dich darin, die richtigen Positionen zu finden. Bereits mit dieser Methode lassen sich viele verrückte Köpfe im Profil erfinden.

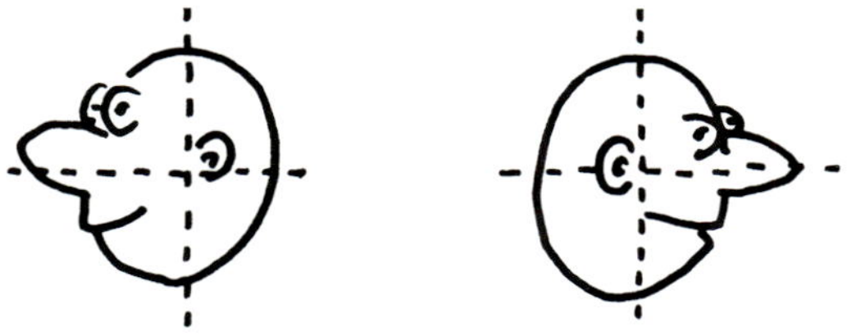

Auch ein ganz normal erscheinendes Profil kannst du zu einem grotesken Profil weiter entwickeln, zum Beispiel wie in dem abgebildeten Holzschnitt aus dem 19. Jahrhundert, bei dem die (gedachte) Linie zwischen Nasenwurzel und Kinn immer stärker geneigt wird.

Jean Ignace Isidor Gérard, genannt Grandville: Apoll steigt zum Frosch hinab, Holzschnitt, 1844.

Um auf gute Ideen zu kommen, lässt sich ein einfaches Modell mit Hilfe eines dünnen Kettchens (aus dem Bastelgeschäft) leicht herstellen: Du brauchst eine Pappe im Format 8 x 10 cm und ein Kettchen von 6 bis 7 cm Länge. Zeichne ein einfaches Kopfoval mit Schultern, bei dem der Bereich des Profilgesichts frei bleibt, auf die Pappe. In diesen Bereich füge das Kettchen ein: Dort, wo die Zeichnung aufhört, bohre je ein Loch in die Pappe, fädele das Kettchen hindurch und befestige es auf der Rückseite mit Klebeband.
Durch Wackeln des flach gehaltenen Pappstücks lassen sich immer neue Profilgesichter finden. Zeichne einige Ergebnisse auf und vergleiche sie mit dem Standardprofil.

Soll ein Kopf in halber Drehung, dem so genannten Halbprofil, gezeigt werden, füge in das einfache Oval zuerst Hilfslinien ein; sie lassen die Form räumlich erscheinen: Füge nun an den passenden Stellen Augen, Nase, Mund und Ohren ein.

Willst du die Ansicht einer extremen Kopfdrehung nach oben plastisch zeichnen, so kannst du ebenfalls die Hilfslinien einsetzen. Das Oval ist nun aber flacher, da es den Schnitt durch den liegenden Schädel darstellt. Weil auch Augen und Mund „liegend" zu sehen sind, verformen sie sich ebenfalls zu einem Oval.

1 Fertige eine Reihe verrückter Profilköpfe an und gib ihnen die passende Frisur.

2 Ein Star steht auf der Bühne und das Publikum ist ganz aus dem Häuschen. – Zeichne eine einfache Bühne, auf der eine verrückt und schrill aussehende Figur Musik macht oder etwas vorführt.
Nun gestalte das Publikum, das diesem Star zujubelt – möglichst komisch. Verwende vor allem Profile.

3 Zeichne die folgende Szene: Am Himmel schwebt ein Flugobjekt, unten sieht man Leute, die erstaunt, verwundert, ängstlich oder voller Freude danach schauen.

Von dem Zeichner F. K. Waechter stammt der Cartoon, zu dem der folgende Text gehört. Er erzählt von einem ungewöhnlichen Überfall.

RÄUBER: „Gold oder Leben –ä"
RÄUBER: „ä – Geld oder Streben"
RÄUBER: „ä – Geld regiert die Welt –
ä – Welt oder Beben"
RÄUBER: „Weltbeben? Ach was Erdbeben ! – ä"
RÄUBER: „Geld u n d Leben ! – ä"
OPFER: „?"
RÄUBER: „Kelt oder Löben – was?
... Oh – ich Versager! ... Geld oder Reben
... leben und streben ... Gelder aus Theben
... Geld abheben ... hüben und drüben"
OPFER: „?"

4 Lies den Text genau durch. Was passiert da? Damit du dir die Situation besser vorstellen kannst, übe die Szene in einem kleinen Rollenspiel mit einem Partner/einer Partnerin. Beobachtet dabei genau die Veränderung der Mimik der Beteiligten: Was macht der Räuber, wie verhält sich das Opfer?

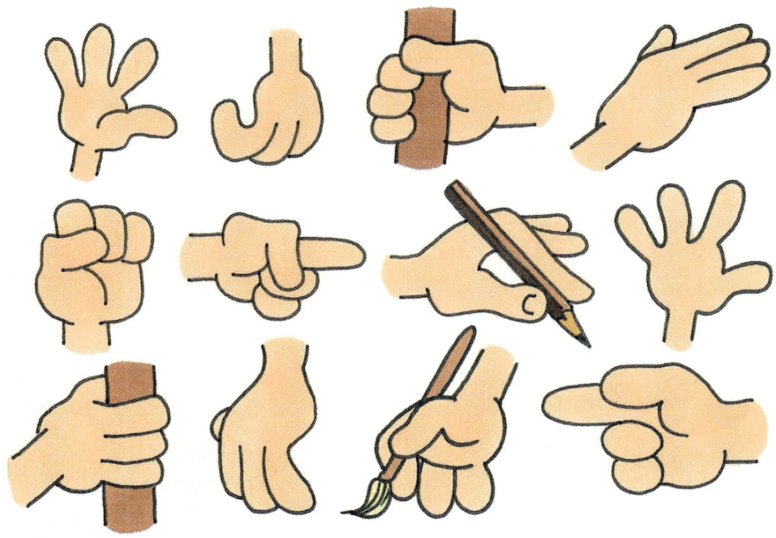

Im Unterschied zum Menschen brauchen Comicfiguren einen Daumen und nur drei Finger.

5 Erzähle nun nach dem vorgegebenen Text die Geschichte in sieben bis acht Bildern. Teile dazu ein DIN-A3-Blatt in Felder ein, lass auch Platz für eine Überschrift. Konzentriere dich beim Zeichnen auf Köpfe und Hände. Für die Darstellung der Gesten helfen dir die abgebildeten Hände weiter. Füge den Text in Sprechblasen in die Zeichnung ein und erfinde einen passenden Titel.

Die ganze Figur

Stell dir vor, Comic- oder Cartoonfiguren haben – ähnlich wie bei deinem eigenen Körper – ein kleines Skelett, das sie trägt und ihnen Bewegungen ermöglicht. Alle wichtigen Stellen, an denen das Skelett beweglich ist, sind auf den Zeichnungen mit einem kleinen Kringel gekennzeichnet.

1 Schau dir die Zeichnungen an. An welchen Stellen ist die erste Figure beweglich? Überlege, welche Bewegung der Körper zusätzlich machen kann, wenn er zwischen Hüfte und Brust geteilt wird (zweite Figur).

2 Fertige dir selbst ein Blatt mit Hilfslinien an.
a) Zeichne eine weibliche Figur in verschiedenen Posen.
b) Drehe sie nun mithilfe des Skeletts in die Seitenansicht.

3 Fertige zu der unteren Abbildung eine Zeichnung der gegenübersitzenden Figur an.

4 Zeichne unterschiedliche Mädchen und Jungen, die an einer Bushaltestelle herumstehen und -sitzen.

Im Cartoon und im Comic müssen die verschiedenen Typen sehr auffällige und prägnante Merkmale haben. Wenn sie übertrieben und überzogen sind, wirkt die Figur meist am besten. Außer Figur, Proportionen und Gesicht bestimmen Kleidung, Frisur und Accessoires wie Schmuck den „Typ“. Hier findest du ein paar Tipps, wie man Kleidungsstücke zeichnet:

Tammy. Zeichnung: TOM (Tom Körner), 2005

5 Schau dir „Tammy“ an. Was erfahren wir durch ihr Outfit über sie?

6 Zeichne Kleidungsstücke nach Katalogabbildungen im Comicstil.

7 Bildet größere Gruppen und zeichnet gemeinsam ein „Wimmelbild“ im Format DIN A3 oder DIN A2. Jedes Gruppenmitglied sollte mehrere Figuren hineinzeichnen. Ihr könnt auch ein Thema wählen: Fußballstadion, Fasching, eine wilde Party …

8 Komische Typen könnt ihr gemeinsam als „cadavre exquis“ (französisch: „köstlicher Leichnam“), einem Spiel zum Entwickeln von Ideen für unwirkliche Texte und Bilder, erfinden: Jeder faltet zuerst ein Blatt (DIN A4) als Ziehharmonika in fünf Teile. Jeder zeichnet nun zuerst einen Kopf in den obersten Streifen; der Halsansatz muss über den Knick gehen. Gebt das Blatt so weiter, dass nicht zu sehen ist, was ihr gezeichnet habt, sondern nur der Halsansatz. Der oder die Nächste setzt die Zeichnung fort mit dem am Hals ansetzenden Oberkörper. Randlinien (auch der Arme) werden wieder ins nächste Feld gezogen. Weitergeben, dann Bauch bis zum Beinansatz, dann Oberschenkel bis unters Knie, dann Unterschenkel und Füße zeichnen. Nun wird das Blatt ein letztes Mal weitergegeben. Schaut das Ergebnis, das ihr erhalten habt, an und schreibt zu dem Bild einen kurzen Text: Wer ist die Figur? Name, Charakter, etwas aus ihrem Leben. Die Ergebnisse können vorgelesen und Bilder und Texte als Ideenpool für alle auf ein Blatt geklebt werden.

Von sprechenden Tieren und Teekannen

In Comics und Cartoons werden auch Tiere vermenschlicht: Da verwandeln sich Enten in die Familie Duck – Donald, Daisy und die Neffen – und eine Stoffpuppe wird lebendig – Hobbes. Schauen wir einmal, wie aus einem Krokodilfoto eine Cartoonfigur wird:

① Ein Krokodil, fotografiert.

② Eine Umrisszeichnung nach dem Foto. Sie kann zum Beispiel mithilfe von Transparentpapier erstellt werden.

③ Für die Umrisszeichnung wird ein einfaches Konstruktionsschema entwickelt, eine Art Skelett.

④ Das Schema wird in den Proportionen verkürzt – so erscheint das Krokodil „niedlicher". Ein drittes Bein betont seine Beweglichkeit.

⑤ Das zweite Schema bildet die Grundlage für die Comicfigur: Nun werden die besonderen Eigenschaften des Krokodils durch Übertreibung hervorgehoben.

⑥ Kleidung, Accessoires und eine vermenschlichte Umgebung unterstützen die Wirkung.

⑦ Schließlich wird das Krokodil aufrecht gestellt. Auch dazu dient ein Schema, das aus dem schon bekannten Schema der menschlichen Figur abgeleitet wird

1 Zeichne die Entwicklung des Comic-Krokodils nach.

2 Füge in das sitzende Krokodil (Abbildung oben rechts) das Skelettschema mit Farbstift ein.

3 Sammle Abbildungen aus Comics oder Cartoons, in denen Tiere als Figuren vorkommen. Klebe die gesammelten Bilder auf. Untersuche, welche Merkmale des Tieres jeweils in die Figur eingegangen sind und welche verändert wurden. Überlege, welche Darstellungselemente die Tierfigur zur Cartoon- oder Comicgestalt machen.

4 Schau im Biologiebuch oder im Internet nach fotografischen Abbildungen von Tieren, zum Beispiel Nilpferd, Katze, Schildkröte und suche dir eine Vorlage.

a) Entwickle nun selbst eine Tierfigur nach dem vorgestellten Verfahren.

b) Versetze anschließend deine Tierfigur in unterschiedliche Stimmungen und Situationen. Stelle die entstehenden Zeichnungen zu einer Bildergalerie zusammen.

Auch unbelebte Alltagsgegenstände können mit einfachen Mitteln in lebendige Wesen verwandelt werden: Augen, Nase, Mund, Arme und Beine werden ergänzt und schon kann jedes Ding zum Sprechen gebracht werden.

5 Eine Geschichte aus der Federmappe: Entwickle mithilfe der Gegenstände aus deiner Federmappe eine kleine Geschichte und zeichne sie in Comicform. Verwende auch Sprechblasen und Texte.

Heinz Wolf/Helmut Kollars: Funny-Comics, 1992

Von Funnys, Helden und Antihelden

Täglich werden neue Comicfiguren geboren. Oft sind sie – wie jüngere Verwandte – den schon vorhandenen in einigen Merkmalen ähnlich. Mithilfe des ▸ Comicstrips auf Seite 14 wird ihre bunte Welt ein wenig übersichtlicher. Lies den Strip sorgfältig. Vielleicht kennst du ja einige der dort vorgestellten Figuren?

Superman, Tarzan, Batman oder Thor – Comics stecken voller Helden. Die Heldenfiguren können überirdische Kräfte haben, sie überwinden die Schwerkraft, bestehen unbeschadet die schrecklichsten und gefährlichsten Abenteuer. Oft retten sie die Erde, ja die gesamte Galaxis vor dem Untergang oder der Unterjochung. Aber es gibt auch die kleinen Helden und Antihelden des Alltags. Da ist zum Beispiel der ewige Verlierer Donald Duck oder der Träumer Charlie Brown mit seinem Hund Snoopy. Auch bei den Helden und Antihelden haben wir den Unterschied zwischen realen und ▸ Funny-Figuren. Und wie steht es zum Beispiel mit Asterix und Obelix?

Normalerweise sind es die Helden der Geschichte, die mit Denkmälern geehrt werden. Der amerikanische Künstler, Karikaturist und Cartoonist Saul Steinberg entwarf in einer ganzen Reihe von Zeichnungen, zu denen auch Abbildung in der Randspalte gehört, Denkmäler für Antihelden. Mit ihnen erzählt er in Form von Cartoons kleine Geschichten.

1 Suche mehrere Figuren aus Comicstrips, klebe sie auf oder zeichne sie nach und ordne sie den Comicstilen „realistisch“ oder „funny“ zu. Begründe deine Auswahl.

2 Es gibt sehr verschiedene Gattungen von Funny-Comics: historische Funnys, Sience-Fiction-Funnys, Fantasy-Funnys, Superhelden-Funnys, Wild-West-Funnys, Alltagsfunnys, Hexen- und Geister-Funnys, Abenteuer-Funnys, ▸ antropomorphe und Tier-Funnys. Ordne die ausgewählten Comicfiguren (Aufgabe 1) diesen Gattungen zu.

3 Schau dir die abgebildete Zeichnung Saul Steinbergs an:
a) Beschreibe genau, was sie darstellt und welche Geschichte sie erzählt.
b) Erkläre, mit welchen Mitteln der Zeichner die Figur charakterisiert, und überlege, warum das Dargestellte wie ein Denkmal aussieht.

4 Entwickle nun selbst ein Denkmal für eine Figur, die nicht für denkmalwürdig gehalten wird. Überlege zuerst, welche Antihelden dir einfallen. Stelle deine Ideen in der Klasse vor. Auf deinem gezeichneten Denkmal soll das Ereignis, auf das es sich bezieht, möglichst witzig in einzelnen ▸ Episoden dargestellt werden. Das gesamte Denkmal soll Formen und Dekorationen haben, die den Charakter der Person unterstreichen. Und ganz oben steht die Figur als Büste oder ganze Figur.

aus: Saul Steinberg: Steinbergs Umgang mit Menschen, 1954

Erfindungen

„Er projiziert schon wieder etwas!" Aus: Jean Effel: Die Erschaffung der Welt, 1954.

Patty und Pelle haben mit Tinte auf ein Blatt gekleckst. Und was entdecken sie? Eine Menge komischer Figuren. So kann man auf Ideen kommen, um ungewöhnliche Gestalten zu erfinden. Es gibt aber auch noch andere Möglichkeiten. Zum Beispiel das Schattenspiel mit den Händen, wie es in dem Cartoon von Jean Effel gezeigt wird. In Klecksen, Schattenbildern, Flecken, Abdrucken können wir Gesichter und Figuren aufspüren, wenn wir dazu bereit sind.

1 Setzt euch in Gruppen zusammen und versucht, mit den unterschiedlichsten Methoden Figuren zu erfinden.
- Kleckst auf ein großes Papier und sucht gemeinsam darin Figuren. Umzeichnet sie mit Faserschreibern, ergänzt Augen, Münder, Nasen. Die gelungensten Beispiele sollten überarbeitet und vergrößert und zu einem Wimmelbild zusammengestellt werden.
- Macht Schattenspiele und haltet die Ergebnisse ebenso zeichnerisch fest.
- Überlegt gemeinsam, ob euch noch weitere Methoden einfallen, mit denen sich Figuren erfinden lassen.

Bildergeschichten und Sequenzen

Verwandlungen

Im Comic können verrückte Sachen geschehen: Ein Auto kann sich in eine Zitrone verwandeln, ein Spiegelei in eine Uhr und umgekehrt, eine Wolke kann zu einem Schaf werden und herumlaufen, ein Gesicht kann altern oder eine andere Gestalt annehmen.

Folge aus: Bernd Hennig: Das Zitronen-Wunderbuch, 1981

1 Beschreibe die Schritte, in denen die Verwandlung in der Bildsequenz erfolgt. Wie geschieht das genau?

2 Erfinde selbst eine Verwandlungsgeschichte. Teile ein DIN-A3-Blatt in 3 x 4 Kästchen ein und zeichne zunächst das erste Objekt. Was könnte daraus werden? Gehe nun Schritt für Schritt vor und achte darauf, dass die Unterschiede zwischen den einzelnen Bildern nicht zu groß werden.

3 Bildet gemeinsam eine Verwandlungskette. Der Erste schreibt ein Objekt auf ein Kärtchen, der Zweite schlägt vor, in was dieses Objekt verwandelt werden kann und so fort. Auf einem Papierstreifen zeichnet Spieler 1 das zuerst genannte Objekt und verwandelt es in das, was als Zweites genannt wurde, Spieler 2 das als zweites genannte Objekt in das, was als Drittes genannt wurde und so fort. Später können die Streifen in der Klasse aufgehängt werden. Einigt euch zuvor auf eine Bildgröße. Verwendet Filzstifte.

Bewegung und Zeit

Forte vivace

Was sieht Patty eigentlich? Bewege einmal selbst deinen Arm. Beschreibe, was du siehst und vergleiche diese Beobachtung mit den Darstellungen auf dieser Seite.
Weil das einzelne Bild statisch ist, sind auch die Bilder in Cartoons und Comics an sich unbewegt. Doch haben die Zeichner viele Möglichkeiten entdeckt, Bewegung und fortschreitende Zeit darzustellen. Vor allem Bewegungslinien, Speedlines oder ▸ Actionlines genannt, dienen dazu. Aber auch die Verdoppelung von einzelnen Bildmotiven täuscht Bewegung vor. Dadurch wird das Bild lebendiger und interessanter. Zu viele Bewegungselemente können aber auch Verwirrung stiften.

Fortissimo vivacissimo

Wilhelm Busch: Der Virtuose, 1865

1 Betrachte die beiden Zeichnungen von Wilhelm Busch genau. Finde heraus, welche Bewegungen dort dargestellt sind und mit welchen Mitteln der Künstler ihnen Ausdruck gibt.

2 Suche aus Comics ein Beispiel für eine Bewegungsdarstellung heraus und beschreibe, wie die Speed- und Actionlines dort eingesetzt sind. Vergleicht eure Ergebnisse in der Klasse.

3 Suche fotografische Darstellungen von Bewegungen und vergleiche sie mit den Darstellungen in Comics.

4 Zeichne verschiedene Bewegungsmotive in jeweils einem einzelnen ▸ Panel, zum Beispiel: Ein Ball wird geworfen; ein Auto rast die Straße entlang; eine Katze rennt; eine Mücke kreist; ein Papierflieger gleitet.

Von Panel zu Panel

Aus mehreren ▸ Panels entsteht eine Geschichte, in der es Zeit und Bewegung gibt. Wie lesen wir diese Geschichte, in der die einzelnen Bilder ja nie den gesamten Ablauf wiedergeben können? Wir ergänzen in unserer Vorstellung, was zwischen den Bildern geschieht. Wir erkennen, dass zwischen der Kerze im ersten Bild und der abgebrannten Kerze im zweiten Bild der Vorgang des Abbrennens ablief. Diese Sehweise nennen wir ▸ Induktion.

Mit nur wenigen Bildern lassen sich in der Zeit ablaufende Bewegungsvorgänge darstellen, die beim Betrachten wie eine vollständige Bewegung erscheinen. Sind die Phasen zwischen den Bildern kleiner, wird die Bewegung langsamer.

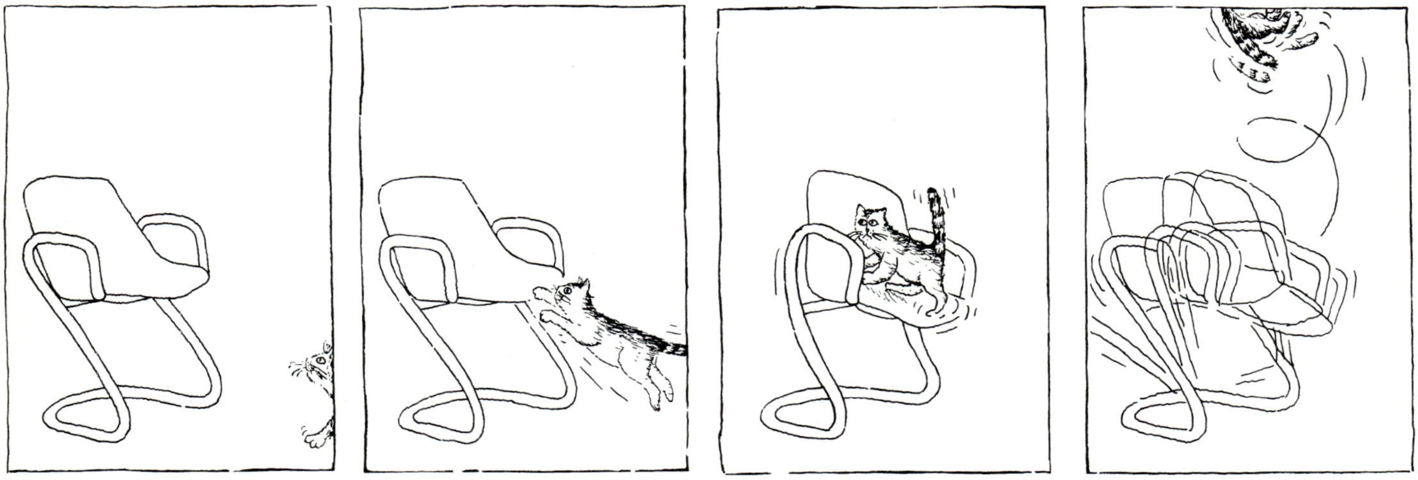

Papan: Ohne Titel, Cartoon aus Papan's MIEZHAUS, 1981

1 Schau dir den Cartoon von Papan an. Beschreibe die Bewegung, die darin vor sich geht. Wie stellt der Zeichner das jeweilige Tempo der Bewegung dar?

2 Zeichne in Sequenzen von jeweils vier Bildern eine Bewegung, zum Beispiel: Es fällt etwas herunter; es fliegt etwas vorbei; es kracht etwas zusammen; es blüht etwas auf; es hüpft etwas; es kommt etwas auf dich zu. Finde selbst einen geeigneten Gegenstand und einen passenden Handlungszusammenhang. Gestalte die Panels sorgfältig, verwende auch Bewegungslinien.

3 Mit aufeinanderfolgenden Bildern kannst du dir auch ein „Daumenkino" herstellen. Dazu verwendest du am besten einen sehr kleinen Block. Du kannst aber auch ca. 20 Blätter (halbe Postkartengröße im Querformat) an der Schmalseite versetzt zusammenheften. Das fertige Buch wird mit dem Daumen rasch durchgeblättert, wodurch die Bewegung sichtbar wird. Zeichne die erste und die letzte Figur eines Bewegungsvorgangs auf den äußeren Rand der ersten und letzten Seite. Nun verändere auf jeder Seite Stück für Stück das Motiv in einzelnen Bewegungsphasen.

Bewegung in einer Sequenz

Patty und Pelle haben Bilder für ein Fußballspiel gezeichnet. Aber wie entsteht daraus eine verständliche Handlung?

1 Stelle aus drei von den Bildern eine Sequenz zusammen, aus der anschaulich und spannend hervorgeht, was passiert. Begründe deine Auswahl.

2 Suche in Comics nach Beispielen für den Gebrauch verschiedener Einstellungsgrößen. Schreibe auf, für welche Handlungen welche Einstellungsgrößen am häufigsten eingesetzt werden. Achte darauf, wie folgende Aspekte im Einzelnen gezeigt werden:
- ein Überblick über das Geschehen
- eine Figur in einer großen Szenerie
- ein Dialog und unmittelbares Geschehen
- eine Figur oder mehrere Figuren ganz, aber nur im unmittelbaren Umfeld
- Gestik und Mimik werden betont
- die Mimik tritt in den Mittelpunkt
- ein kleines Element weckt unsere ganze Aufmerksamkeit

3 Gib mit vier bis fünf Panels eine kleine Handlung wieder. Gestalte die Sequenz aus unterschiedlichen Einstellungsgrößen. Verwende dazu eine Comicfigur, die du selbst entwickelt hast. Beispiele: Aus dem Bett steigen, einen Burger essen; ins Wasser springen …

Einstellungsgrößen

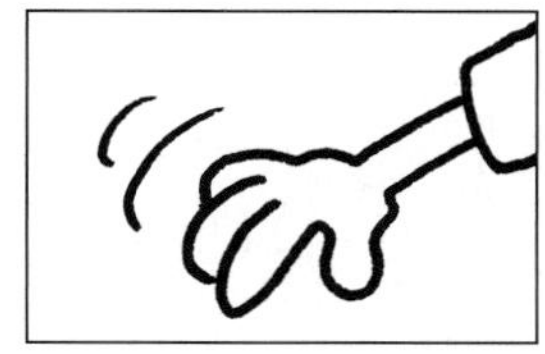

Detail

Nah

Amerikanisch

Halbtotale

Totale

Hintergrund und Bildraum

1 Erkläre wie es kommt, dass Patty in Panel 2 festen Boden unter die Füße bekommt. Wie könnte das auch in Panel 1 verdeutlicht werden? Mach Vorschläge.

Der Hintergrund lässt eine Zeichnung räumlich wirken. Manchmal genügt dazu der einfache Bildgrund, der noch farbig abgesetzt werden kann. Die Figur steht dann vor einem nicht weiter strukturierten Hintergrund. Will man genauere Auskunft über den Raum geben, so gelingt dies schon mit wenigen Mitteln, etwa einer Linie.

Eine Linie kann auf unterschiedliche Art Tiefe ausdrücken: Je höher die Linie, umso ferner liegt der Horizont. Lege ich den Horizont außerhalb des Bildes, so steht die Figur wieder vor dem Bildgrund.

Um eine Landschaft darzustellen, genügt ebenfalls eine Linie. Sie kann mit weiteren Bildgründen ergänzt werden. Auch Häuser können parallel oder schräg zur Grundlinie des Panels angeordnet werden.

2 Zeichne eine deiner Figuren aus deiner Mappe in ein Panel und kopiere diese Zeichnung mehrmals. Erfinde nun unterschiedliche Hintergründe dazu.

3 Lass eine deiner Figuren durch eine sich verändernde Landschaft wandern.

Eine Seite wird gestaltet

Damit aus einem Cartoon ein Comic wird, muss eine Bildfolge, ein Strip, entstehen: Der Comic erzählt kleine Geschichten oder Begebenheiten in einer Bildfolge. Ein Strip kann aus mehreren gleich großen ▸Panels bestehen, die bei längeren Geschichten in Streifen übereinander angeordnet werden. Er kann auch über mehrere Seiten laufen.

Indem man Größe und Form der Panels variiert, kann man die Aussage der Erzählung unterstützen und verstärken. Ein Panel in größerem Format wird meist für einen größeren Ausschnitt, die Totale, verwendet. Es kann aber auch etwas enorm vergrößert – im Detail – gezeigt werden, um es dem Betrachter nahezubringen oder um es zu dramatisieren.

Oft wird auch das erste Panel, das ▸Splash-Panel, größer gewählt: Der Ort des Geschehens wird gezeigt. Manche Zeichner fügen hier auch den Titel des Comics mit ein.

Lange Handlungsabläufe bedürfen eines größeren Formats als kurze, die besser in kleineren Formaten untergebracht werden. Wie viel auf einer Seite dargestellt ist, beeinflusst auch die Lesegeschwindigkeit.

Die Gestaltung der gesamten Seite bezeichnet man als ▸Layout.

1 Erläutere, wie in den abgebildeten Layoutskizzen eine Comicseite aufgebaut und gelesen wird. Welche Art von Handlungen könnten sich in den unterschiedlichen Panels abspielen?

2 Suche eine Seite aus einem Comic heraus, in der unterschiedliche Panels eingesetzt sind. Stelle in der Klasse vor, wie in deinem Beispiel die Geschichte erzählt wird.

3 Zeichne einen Strip aus fünf bis sechs Bildern, der verschiedene Formate und Einstellungsgrößen enthält, zum Beispiel: „Eine große Überraschung“, „Die Suche nach etwas Verlorenem“.

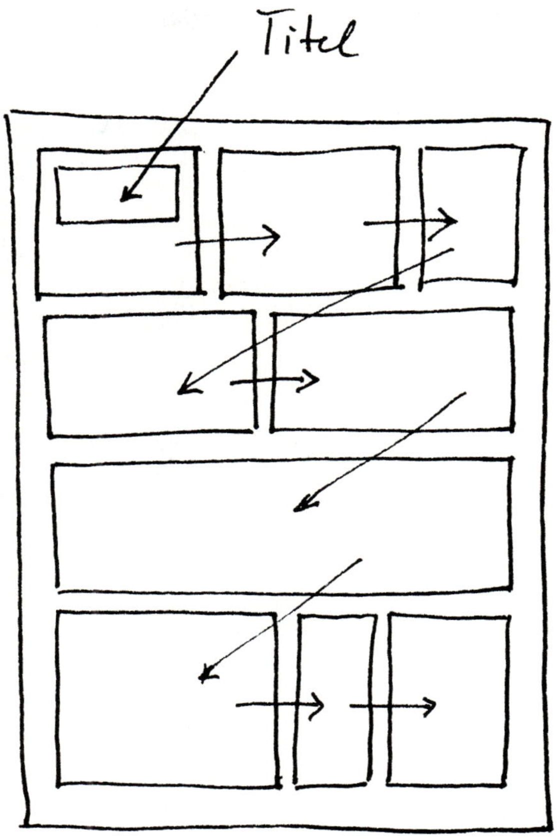

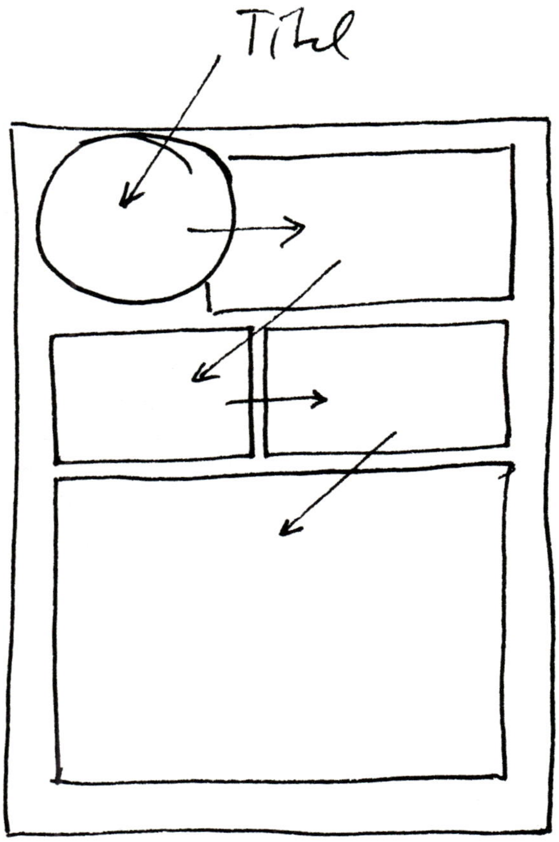

Lettering – Sprechen und Erzählen

1 Lies den kleinen Dialog von Patty und Pelle laut. Woran erkennt man, wie gesprochen werden soll?

2 Was bedeuten die verschiedenen Arten von Sprechblasen?

Sprechblasen sind ein charakteristisches Element des Comics. Sie bringen in Dialogen oder Gedanken die Handlung voran und lassen dadurch den Inhalt der Bilder deutlicher werden. Sie können in Form und Randstärke variiert werden, um damit den gewünschten Ausdruck zu unterstützen.

Lettering (aus dem Englischen) nennt man im Comic das Schreiben des Textes. Anspruchsvolle Comics werden mit der Hand gelettert, dadurch wirken sie lebendiger und bekommen mehr Ausdruck.

Tipps zum Lettering
- Sprechblasen von links nach rechts anordnen
- Sprechblasen nah bei der Person anbringen
- Sprechblasen als Unterstützung der Sprache gestalten
- Druckschrift verwenden
- Großbuchstaben sind leserlicher
- durch unterschiedliche Schriften und Schriftgrößen die gemeinte Sprechweise darstellen
- in einer Vorskizze die Anordnung der Sprechblasen und Texte festlegen
- zuerst Hilfslinien für den Text ziehen, dann lettern, zuletzt die Sprechblase anlegen
- zuerst mit Bleistift vorschreiben, dann mit Faserschreiber, damit korrigiert werden kann
- Sprechblasen in Form und Stärke dem Inhalt anpassen

3 Setze die abgedruckten Textbeispiele in einer jeweils passenden Sprechblase in geeigneter Schrift um.

Brrr, kalt

Oh, ich liebe dich!

Hallooo!? …
Ist da jemand?

Lass das!

Iiiieh, wie ekelhaft!

Ist das nicht spitze?

Ob sie mich liebt?

Wir treffen uns morgen um halb zehn am Schwimmbad.

… eine Schlange!!!

Lautmalerei und Action

Verschiedenste Geräusche wie Klingeln, Knarren, Schmatzen oder Krachen, aber auch solche, die sich mit anderen Sinneserfahrungen wie Geruch und Geschmack verbinden, werden durch Lautmalereien und bildhafte Schrift dargestellt. Lautmalerei (= ➧ Onomatopöie) bedeutet, dass ein Geräusch bildhaft vermittelt wird. Außerdem können anstelle von Wörtern auch Symbole eingesetzt werden: So zeigt eine Glühbirne, dass jemandem ein Licht aufgeht. Alles zusammen wird in Panels verwendet, die voller Action sind.

Viele Geräusche sind mit Bewegungen verbunden: Das Quietschen eines Autos beim Um-die-Ecke-Fahren, das Zischen eines fliegenden Federballs. Im Funny-Comic wird dies alles noch durch Übertreibung gesteigert: Zusätzlich werden ➧ Actionlines eingesetzt.

1 Schau dir den Hägar-Strip daraufhin an, wie hier Geräusche und Action dargestellt werden. Welche Mittel nutzt der Zeichner Dirk Browne zur Darstellung? Beschreibe diese Mittel genau und untersuche sie auf ihre Wirkung.

2 a) Setze folgende Wörter lautmalerisch im Comicstil als Sprechbild um:
Tschack Tschack, Wrom, Klirr, Schnüffel, Zisch
b) Erfinde selbst lautmalende Wörter und setze sie um.

Dik Browne: Hägar der Schreckliche

Farbe und Stimmung

Willst du deine Comics farbig gestalten, so nimm dazu Farbstifte, Filzstifte oder auch Deckfarben. Da die Kolorierung vor allem dazu dient, mehr Klarheit in die Darstellung zu bringen, verwende einfache, reine Farben. Es ist natürlich wichtig, gleiche Dinge immer gleich zu kolorieren. Zudem sollte die Farbe nicht so kräftig sein, dass sie die Zeichnung erdrückt. Vermeide auch zu viele verschiedene Farben. Achte darauf, dass du mit der Farbe nicht die Umrisslinien überschreitest. Wie eine Kolorierung aussehen kann und wie sie entsteht, siehst du auf den Seiten 28/29.

Verwendet man in einem ▸Panel nur eine einzige Farbe, taucht also das ganze Bild in eine Farbe, so kann man damit schon mehr als nur berichten: Eine Stimmung entsteht, ein Gefühl wird vermittelt.
Eine andere Möglichkeit ist es, mit Farbgegensätzen (Kontrasten) zu arbeiten, um einer Stimmung Ausdruck zu verleihen. Durch das Aufeinanderprallen von Gegensätzen – wie hell gegen dunkel oder leuchtend gegen trüb – entsteht Spannung.

1 Ordne den folgenden Begriffen jeweils eine oder mehrere Farben zu: Angst, Kälte, Freude, Liebe, Wut, Trauer. Du kannst die Farben auch malerisch auftragen oder panelgroße Rechtecke aus Zeitschriften ausschneiden und aufkleben. Überlege für welche Geschichten solche Stimmungsbilder zu verwenden sind.

2 Erprobe Gegensätze in Panelform. Du kannst wieder malen oder aus Zeitungen farbige Flächen ausreißen und aufkleben. Vergleiche die Ergebnisse mit denen der ersten Aufgabe. Was ist anders?

3 Schau dir die unten abgebildeten Panels aus zwei unterschiedlichen Comics an: Was könnten das für Geschichten sein, aus denen sie entnommen wurden? Beschreibe die Atmosphäre, die auf den Bildern herrscht. Erläutere, wodurch sie entsteht.

4 Zeichne einen knorrigen Baum als Silhouette in ein Panel. Kopiere die Zeichnung und gib dem Hintergrund unterschiedliche Farben. Schreibe dazu, welche Stimmung von den Farben ausgeht.

5 Fertige kleine Bilder in Panelform zu unterschiedlichen Themen an, zum Beispiel: Dschungelfieber, geheimnisvolles Licht, Sommerlaune, Traum, …

Stimmungsvolle Comic-Landschaft

aus: Regis Loisel: Peter Pan. Sturm, 2001

aus: Scott McCloud: Comics richtig lesen, 1994

Stimmungen und Gefühle können sowohl durch die Farbe als auch durch eine Gestaltung in Schwarzweiß ausgedrückt werden. Der Comiczeichner Scott McCloud erklärt, wie man allein durch Hintergründe Emotionen darstellen kann: „Auch wenn die Figuren einer Szene kaum oder gar nicht verzerrt sind, hat ein verzerrter (...) Hintergrund doch gewöhnlich starken Einfluss auf unseren Eindruck vom seelischen Zustand der Figuren." In der Bildfolge sehen wir McCloud, wie er sich selbst vor unterschiedlichen Hintergründen dargestellt hat.

6 Benenne die Gefühle, die von den unterschiedlichen Hintergründen ausgehen. Wodurch kommen sie zustande?

7 Setze die Beispiele so in Farbe um, dass die Stimmung jeweils unterstützt wird.

8 Stelle eine deiner eigenen Comicfiguren vor unterschiedliche Hintergründe. Verwende dazu verschiedene Gestaltungstechniken: Male oder experimentiere mit ausgeschnittenen Hintergründen aus Zeitungspapier oder Bildern aus Zeitschriften. Beschreibe, wie sich Charakter oder Befinden der Figur durch den Hintergrund verändert.

Ein Comic entsteht

Von der Skizze bis zum Finish

An den Entwürfen und Zeichnungen des Comiczeichners KIM kannst du erkennen, wie ein Comic entsteht: Auch professionelle Zeichner beginnen mit einem Entwurf, den sie mit dem Bleistift skizzieren. Erst nach und nach nehmen die Motive Gestalt und Farbe an.

1 Beschreibe genau, was der Zeichner in den verschiedenen Phasen seiner Arbeit macht. Was wird von Schritt zu Schritt geändert?

Willst du eine Geschichte in einen Comic verwandeln, gehe in folgenden Schritten vor:

Eine Geschichte finden oder erfinden

- Für einen Comic wird zunächst eine Geschichte gebraucht, die nicht zu lang ist, die lustig sein kann oder ungewöhnlich. Dazu findest du Vorschläge auf den folgenden Seiten.
- Finde einen kurzen Titel für die Geschichte, wenn es noch keinen gibt.

Figuren entwerfen

- Welche Figuren kommen in der Geschichte vor? Schreibe ihre Namen auf oder gib ihnen eigene Namen.
- Welchen Charakter haben die Figuren? Beschreibe ihn in Stichworten.
- Überlege, wie die Figuren im Comic aussehen können und fertige dazu Entwürfe an. Soll eine Figur klein, groß, dick oder dünn sein? Welche Kleidung passt? Oder ist es eine Tierfigur? Gibt es gegensätzliche Figuren? Wie können Gegensätze verdeutlicht werden?
- Lege dir eine Mappe an, in der du Skizzen der Figuren in unterschiedlichen Posen sammelst. Nutze dazu die Hilfestellungen im Arbeitsheft auf den Seiten 10 und 12.

aus: KIM (Kim Schmidt): Comic Zeichenkurs, 2003, S. 90 ff.

Seitenlayout

Vorskizzen der Figuren

Die Geschichte gliedern

- Jetzt sollte die Geschichte in sinnvolle Einheiten eingeteilt werden, um sie in ▸Panels umzusetzen.
- Gibt es Zeitsprünge oder wechselt der Ort? Dann überlege wie du das darstellst, bildhaft oder durch Zwischentexte. Vielleicht kommen zwei verschiedene Handlungen zusammen, etwa, indem zwei Figuren sich erst begegnen – oder indem eine Verfolgungsjagd gezeigt wird. Dann wechseln sich auch in der Panelfolge die Handlungen ab. Das nennt man ▸Parallelmontage.
- Die Erzählweise im Bild ist anders als im Text. Überlege, wie du eine interessante und verständliche Bildabfolge schaffen kannst.
- Lege auch fest, wie lang dein Comic sein soll. Nimm dir nicht zu viel vor. Ein oder zwei Seiten können schon eine sehr gute Comicgeschichte ergeben.

Layout in Panels

- Fertige eine Skizze für das Layout an. Hat die Geschichte einen Höhepunkt oder einen besonders spannenden Teil? Gibt es unterschiedliche Lesegeschwindigkeiten? Dies kannst du durch verschiedene Panelgrößen (kleines Panel – kurze Zeit, großes Panel – lange Zeit) oder Panelformen ausdrücken (Seite 23).

Nun zeichne erst einmal eine grobe Skizze deines Comics, bevor du mit der ▸Reinzeichnung beginnst. Beachte dabei, dass du verschiedene Einstellungsgrößen einsetzen kannst.

Lettering

- Nun sollten auch mögliche Texte für die Sprechblasen entworfen und eventuelle Lautmalereien oder Symbole gefunden werden.

Reinzeichnung

- Führe die Reinzeichnung sorgfältig mit Fineliner aus. Schreibe die Texte mit Bleistift vor, damit du dich nicht beim Lettering verschreibst.

Kolorieren

- Und am Schluss kannst du dann alles farbig ausarbeiten. Beachte dabei die Hinweise auf Seite 26. Schau dir an, wie KIM bei seiner Kolorierung vorgeht.

Schwarz-Weiß-Reinzeichnung

Koloriertes Panel

Geschichten für Comics – finden und erfinden

Letzte Meldungen

Die Invasion der Nacktschnecken

Nacktschnecken verzehren trotz aller Gegenmittel genüsslich meine Bohnen. Gemüsenetze und Schneckenzäune halten sie nicht davon ab, selbst Radieschen anzugreifen. Dabei gelten diese wegen ihrer Schärfe als waffenscheinpflichtig. Bierfallen werden verschmäht, da wahrscheinlich nicht die richtige Biersorte gewählt wurde. Auch die in meinem Garten befindlichen Erdkröten und Frösche bewältigen es nicht, die Nacktschnecken zu reduzieren, da sie schon vollkommen unter Überfütterung leiden.

Scheintoter Hamster befreit sich selbst

Ein scheintoter Hamster hat sich aus seinem Sarg 60 cm tief unter der Erde befreit und wieder nach oben gegraben. Das Haustier war in einem Pappkarton im Garten bestattet worden, nachdem er kein Lebenszeichen von sich gegeben hatte. Vermutlich war er nach einem Kälteeinbruch in den Winterschlaf gefallen.

Kleiner Alligator hält Badesee besetzt

Für Erholung suchende Badegäste ist im Nievenheimer See zurzeit Fehlanzeige. Weil ein kleiner Alligator (Sammy) den Baggersee besetzt hält, hat das Amt das Gewässer für den Badebetrieb gesperrt.
Ein 21-jähriger Reptilienfreund hatte seinen jungen, an der Leine geführten Kaiman (kleine Krokodilart) mitgebracht. Doch das Tier entwischte ihm in die Freiheit des Sees. Der traurige Besitzer nennt Sammy „lieb und zutraulich". Erst wenn der untergetauchte Kaltblüter sich zu einem Sonnenbad verleiten lässt, könnte man ihn wieder einfangen. Gnadenlos wird Sammy nun gejagt, damit die Menschen wieder schwimmen können.

(... etwas später)

Der berühmte Kaiman „Sammy" darf nicht zurück zu Herrchen. Er wird in einen Tierpark gebracht.

Der Fuchs und der Hahn

Ein hungriger Fuchs kam einmal in ein Dorf und fand einen Hahn. Zu dem sprach er: „Hahn, dein Vater hatte eine so schöne Stimme. Nun bin ich zu dir gekommen, damit ich deine Stimme hören kann. Sing mir mit lauter Stimme vor, dann sage ich dir, ob du eine noch schönere Stimme hast als dein Vater."
Da schwang der Hahn sein Gefieder, und mit geschlossenen Augen fing er an, auf das lauteste zu krähen. Der Fuchs sprang auf, fing ihn und trug ihn in den Wald. Als das die Bauern sahen, liefen sie dem Fuchs nach und schrieen: „Der Fuchs trägt unsern Hahn fort!" Da sprach der Hahn zum Fuchs: „Hörst du, Herr Fuchs, was die groben Bauern sagen? Sprich du zu ihnen: ‚Ich trage meinen Hahn und nicht euren'."
Der Fuchs ließ den Hahn aus dem Maul und sprach: „Ich trage meinen Hahn und nicht euren." Da flog der Hahn auf einen Baum und sprach: „Du lügst, Herr Fuchs, du lügst, ich gehöre dem Bauern, nicht dir."
Da schlug der Fuchs sich selbst mit den Händen aufs Maul und sprach: „Du böses Maul, wie viel redest du? Hättest du jetzt nicht geredet, hättest du deinen Raub auch nicht verloren."

Fabel, erzählt nach Aesop, einem Dichter der griechischen Antike, um 600 v. Chr.

Der abgeschlossene Roman (1)

Im Saloon klimpert unentwegt ein Klavier. Vier oder fünf Männer sind am Pokern. Plötzlich springt einer der Männer auf. Den Colt in der Faust, wirft er den Tisch um und brüllt: „Einer von euch spielt falsch." „Okay, okay!", murmelt der Pianist mit hochrotem Kopf und verlässt mit erhobenen Händen den Saloon.

von „Tetsche", entstanden für die Zeitschrift „stern".

Der abgeschlossene Roman (2)

Verstohlen blickt er auf den verlassenen Frühstückstisch der Handwerker. Marzipan!!! Nun kann er nicht anders. Er sieht sich um, greift zu und schlingt es gierig hinunter. Au-ha! Plötzlich stutzt Opa Scholz, schluckt, würgt und läuft knallrot an, als der Maler erscheint und nach dem Kitt sucht.

von „Tetsche", entstanden für die Zeitschrift „stern".

Die Landmaus und die Stadtmaus

Eines Tages lud die Landmaus ihre Bekannte, die Stadtmaus, zu Gast und wählte aus ihrer Vorratskammer das Beste, was sie besaß: Getreidekörner und Gerstensamen, Nüsse, Eicheln, wilde Beeren und wohl schmeckende Blumenstängel. Die Stadtmaus jedoch rümpfte die Nase und meinte: „Wie kann man dieses Zeug fressen! Wie kann man überhaupt in solchem Loch hausen! Komm einmal zu mir! Ich werde dir einige Vergnügungen und Annehmlichkeiten des Stadtlebens zeigen."
Die Landmaus war neugierig und ging gleich mit; sie war auch sehr beeindruckt von dem städtischen Haus, in dem ihre Bekannte hauste, von dessen Größe und Ausstattung. „Ich werde dir das alles am kommenden Morgen in Ruhe zeigen", sagte die Stadtmaus stolz. „Aber fürs Erste wollen wir es uns bequem machen. Ich werde dir nachher ein schönes Festmahl servieren."
Als es dunkel wurde, schlichen sie leise in die Küche. Die Hausbewohner waren ausgegangen, aber sie hatten ein üppiges Essen übrig gelassen: Kuchenreste, Speckschwarten, Käserinden, Kartoffelschalen, Butter, Wurstpelle und Wein, der in Gläsern stehen geblieben war. Die Landmaus war entzückt.
Gerade als sie sich über ihr Festmahl hermachen wollten, kam etwas Schreckliches auf sie zu: die große Hauskatze, die mit fletschenden Zähnen und spitzen Krallen durch die Tür sprang. Mit Mühe und Not retteten sich die beiden Mäuse in eine Ritze.
Als die Landmaus am anderen Morgen Abschied nahm, sagte sie zur Stadtmaus: „Du hast eine schöne Wohnung und sehr gutes Fressen. Aber ich für meinen Teil ziehe meine trockenen Samen und mein sicheres Loch in der Erde vor."

Fabel, erzählt nach Aesop, einem Dichter der griechischen Antike, um 600 v. Chr.

Jean Ignace Isidor Gérard, genannt Grandville: Eine, die allerliebst ihr Nähzeug stichelt, Holzschnitt, 1842.

1 Zeichne einen Comicstrip zu einem dieser Texte, suche selbst nach komischen kleinen Zeitungsnachrichten oder erfinde eine eigene Geschichte. Gehe vor, wie auf Seite 29 beschrieben.

2 Nimm eine deiner Comicfiguren aus der Mappe. Schreibe auf, welche Eigenschaften sie hat. Entwickle nun eine entgegengesetzte Figur. Überlege, was die beiden erleben könnten und lass eine Geschichte für einen Comic entstehen. Achte darauf, dass die Geschichte nicht zu lang wird. Konzentriere dich in der Umsetzung auf den Ablauf der Bilder.

3 Fertige Collagecomics an:
a) Fotokopiere zwei Tiere aus einem Biologiebuch. Teile eine DIN-A3-Seite in Panels ein. Klebe in zwei der Panels die Tiere. Falls sie nur ausschnitthaft zu sehen sind, vervollständige sie. Erfinde und zeichne eine Comic-Geschichte um die beiden Tierfiguren herum.
b) Erzähle eine ganze Comicgeschichte mithilfe von Collagefiguren und -hintergründen. Ergänze die Panels durch Zeichnungen.

Quellenverzeichnisse

Textquellen:

S. 9	F. K. Waechter, Frankfurt, aus: Wahrscheinlich guckt wieder kein Schwein, Zürich: Diogenes Verlag 1978
S. 30	Tetsche, Steinkirchen

Bildquellen:

S. 6	Egmont vgs verlagsgesellschaft mbH/Wetzel, 2005
S. 11	(u.) TOM (Tom Körner), Berlin 2005; Wdh.: S. 3 (o.)
S. 12	(1) Okapia, Frankfurt
S. 14	Comic Welten GmbH, Wien/VG Bild-Kunst, Bonn 2005
S. 15	(re.) The Saul Steinberg Foundation/VG Bild-Kunst, Bonn 2005
S. 16	(u.) VG Bild-Kunst, Bonn 2005
S. 17	VG Bild-Kunst, Bonn 2005
S. 19	aus: Papan's Miezhaus, München: Mahnert-Lueg Verlag 1981, o. S.
S. 25	Bulls Press, Frankfurt; Wdh. (Ausschnitt) S. 3 (u.)
S. 26	(u. re.) Ehapa/Casterman
S. 27	Carlsen Verlag GmbH, Hamburg 2001/Aus dem Amerikanischen von Heinrich Anders
S. 28/29	Carlsen Verlag GmbH/KIM (Kim Schmidt), Hamburg 2003

Nicht in allen Fällen ist es gelungen, die Rechteinhaber ausfindig zu machen und um Genehmigung zu bitten. Berechtigte Ansprüche werden selbstverständlich im Rahmen der üblichen Vereinbarungen abgegolten.